월계수에 시가 젖다

김숙자 제7시집

오늘의문학사

일러두기

본문에 사용한 '>'표시는 연과 연 사이의 '빈 줄'을 나타냅니다.

월계수에 시가 젖다

| 自序 |

열애

월계수 피어나는 뜨락엔
날마다 詩들이 내려와 산다
은하수 앞치마 곱게 두른 봄처녀처럼
홀로 있어도 눈부시다

건강한 숲의 고요에 눈 뜨고
굽이치는 별들 함께 허공에 살며
외로울 때 그 별들 내게 내려와
가지마다 출렁이는 시의 푸른 잎이 된다

오랜 생명의 침묵에
눈부신 시간이 흐를 때면
끊임없는 사유와 부활 도도해져
나는 그만 열애에 빠지고 만다

방황의 끝은 어디던가
별리의 끝은 또 어디던가
월계수에 젖은 그댈 쳐다보면
나는 늘 설레이는 사춘기 소녀

〉
소낙비에도 젖지 않고
천둥처럼 눈먼 사랑으로 다시 살아나
고난의 우듬지마다 반짝이는 시의 운율 매달고
메마른 가슴마다 열정의 폭포수로 솟구쳐내린다.

| 목차 |

自序 • 4

첫째 마당
그리움, 시로 물들다

시의 곡간 • 13
홍매 • 14
사랑 • 16
꽃자리 • 17
생명, 그 지주대 • 18
암사슴 시냇물 그리워하듯 • 20
벽송사 낙엽 길 • 22
꽃방석 • 24
곶감 • 26
꽃모란 당신 • 27
나 그대에게 모두 드리리 • 28
산후우울증 • 29
그대 곁에 있으니 • 30

둘째 마당
월계수에 시가 젖다

초록 숲에 갇히다 • 33
그대 핏빛 함성이여 • 34

가을, 차나무꽃에 꽂히다 • 36
초록 하늘에 핀 연꽃 • 38
모란꽃치마 • 40
신비의 왕관 • 42
낙동강 가을빛 • 44
신선도 탐을 내는 아름다운 달천 • 46
피레네 가는 길 • 48
씨방 • 50
월계수에 시가 젖다 • 51
사랑 고백 • 52
그대를 만나기 100시간 전 • 54
청개구리 우편함 • 56

셋째 마당
시, 가슴으로 스며들다

춘삼월 옥구슬 • 59
다시 젖무덤이 아파온다 • 60
그리움 두고 온 갈대밭 • 62
산수유 합창단 • 64
군자란 피워 올린 뜨락 • 66
가을 물빛에 잠기다 • 68
식혜 익어가는 시간 • 69
울엄마표 김장 맛 • 70

비 내리는 신두리 바닷가 • 72
사랑의 징검다리 • 74
단풍 술로 취해버린 단양강 • 75
후박나무 등걸 • 76
섬티아고 • 78
풋밤 익어가는 소리 • 80

넷째 마당
시와 함께 초록 그네를 타다

삶의 우물가로 오신 그대 • 83
석류꽃 당신 • 84
와이너리에서 • 86
옥녀봉으로 날 부르네 • 88
달그림자로 만나고 싶소 • 89
누워서 하늘을 보니 • 90
반야사에서 • 92
글마중 캐슬 • 93
꼬마 동자꽃 • 94
꽃사과 익어가는 날 • 95
광릉요강꽃 • 96
시와 초록 그네를 타다 • 97
단풍 깻잎 • 98

다섯째 마당
시와 열애에 빠지다

꽃구름다리 • 101
영성의 숲길 • 102
오월 하늘에 • 104
출렁다리, 월령산 유혹하다 • 105
시와 열애에 빠져라 • 106
느티빛 그대 • 108
사순의 시산 • 110
너무 아름다워 슬픈 그대 • 111
소양강 노래가 되다 • 112
단호박죽 • 114
의붓어미 자화상 • 115
겨울 호숫가 • 116
세상에서 가장 귀한 보물 • 118

여섯째 마당
시가 된 내 인생

다랑이 옆구리 적시는 새벽 • 121
물 정원에 고요로 얼비친 달 • 122
대죽나무 흔들어대는 오후 • 124
추억별 반짝이는 호수 • 126

차라리 내 발길 돌릴게요 • 128
제발 태클 걸지 마세요 • 130
찬란한 어제를 토해놓고 • 132
그대와 열애에 빠지리라 • 134
그대의 뜨거운 눈물 되리 • 135
낙화 • 136
빨간 속치마 • 139
사랑한 게 죄라면 • 140
요광리 소나타 • 142

김숙자 시인의 에스프리 • 144
작가의 약력 • 164

첫째 마당

그리움, 시로 물들다

시의 곡간

소슬바람 데리고 논
후미진 시 울타리
가녀린 몸 휘휘 감은
황홀한 눈 흘김 고와라

사랑 글눈 뜰 듯 말 듯
샛노랗게 웃는 시향
매듭진 인생 등성이에서
이 가을 흉작이런가

메마른 사랑 자락 딛고
눈 맞춤조차 주춤했던
애틋한 내 시의 행간들
모조리 인생 곡간에 소환됐다

칭칭 감아 도는 사유의 넝쿨손
매혹적인 은유 잠재워
서정의 꼬리 확 추켜세운
그대는 진정 얄미운 시 여우다.

홍매

부활 희망 우러르며
사순의 아픔 가슴에 묻고
동장군 압제에 할 말 잃었는가

순교자 가슴속에서
피 울음 토해냈는가
더는 영혼까지 팔 수 없어
눈물범벅으로 피워 올린
붉은 혼불

뼛속 깊이 묻어둔
선조들의 순교 정신
핏빛 낭자한 태극 꽃이여

얼어 죽을지언정
향기마저 팔 수 없다며
서슬 퍼렇게 건져 올린
붉은 영성 한 자락

〉
부활 희망 우러르며
삼천리 방방곡곡
여린 우듬지마다
피 흘리며 죽어간

선혈 선혈 선혈

광야처럼 황량한
꽃샘추위 속에서도
봄빛 낭자한 얼굴로
꽃피운 홍매를 보라

사순의 꽃
부활의 꽃

신앙 선조들 혼불로
활활 타오른
그대 핏빛 함성이여.

사랑

살아가는 동안
어김없이 필요한
기도와 은총

순례에 나서 보니
빈약한 내 모습이
절로 오버랩된다

주님 은총 없이
그냥 다 사람 되는 줄
착각하며 살았었구나

이제라도 고귀한
그 사랑 자체로
돌아가야 할 시간

날마다 허물어지려는 영혼
조금씩 바로 세우고
질서 회복시키는 겸손으로
사랑의 삶 살리라.

꽃자리

바람결에 날리었나
구름자락에 실려 왔나

애잔한 꽃 한 송이가
애잔한 꽃 한 송이가

산자락에 바르르 떨고 있구나

잠자리 나래 같은
보드라운 네 얼굴
통나무 틈새에 꽂아 두니

그 자리가
바로 꽃자리구나.

* 몽골 여행 중 산자락에 홀로 핀 애잔한 야생화 한 송이를 두고 내려오기 섭섭하여 김숙자 시인이 쓴 시에 정히치 작곡가가 곡을 붙여 '꽃자리' 가곡이 만들어짐.

생명, 그 지주대

생의 가파른 능선에 서서
그대 거꾸로 매달려 보았는가

허공에 홀로 서서
널브러지지 않으려고
무수한 몸부림
쳐 보았는가

너른 우주 움켜쥐고
웃자람만으로
솟아오르려던
부실한 넝쿨손

하늘만 움켜쥐면 되는 줄 알았지만
아스라한 허공과
그 절벽 어이하랴

생은
허공 받쳐줄
귀한 씨줄 날줄

〉
강인한 그 지주대 하나
세우는 시간

절박함 앞에서 못 내미는 일 무엇일까

삶은
허공 부여잡을 지주대 하나
세우는 시간

그 존귀한 지침 하나 겸허히 받아들고
날마다 튼실한 지주대 하나 세우는 일이다.

암사슴 시냇물 그리워하듯

나이 듦은

순례를 마치고
본향으로 돌아가는
저녁 기도 시간이다

셈을 바칠 것을
염두에 두는 고즈넉한 시간
영광과 찬미를 묵상하는 시간이다

나이 듦은

모든 것에 감사하며
주님 자비에 의탁하고
나의 내면과 조용히
마주앉은 시간이다

버리고
비우고
더 낮아져
고독한 자신 안에
침묵을 배우는 시간이다

〉
나이 듦은

암사슴이 시냇물 그리워하듯
주님 그리워하며
그리움 희망하는 시간이다.

벽송사 낙엽 길

누구
못다 한 노래인가
떨구지 못한 눈물인가

지난했던 한 세상
꾸짖고 꾸짖어 봐도
책임질 이 그 누구던가

험난한 세상
변화 꾀하려다
내 몸 먼저 불 지폈다

굴곡진 세상
태우고 태워 봐도
가슴앓이 여전하니
자박자박 소리 내어 낙엽 길 걸어보자

발목 덮이는 낙엽
잊혀질뻔 했던 임 발자국
반갑다 못해 더 슬퍼라

〉
몸서리친 포성 소리
하늘 치솟아
내 영혼 누일
낙엽 길 만들었구나

수수만년
피로 물들여
빨치산 소탕시킨
벽송사 통한의 낙엽 길.

꽃방석

생이
가장 아름다운 날
홀연히 지상으로 내려와
유감없이 진가 발휘하고
켜켜 떨구어 버린 낙엽
그대 누구라 부르리까

생의 번민
미련 없이 토해내고
기꺼이 타오르고 타올라
목숨 줄까지 흥건히 토해내
영혼의 꽃방석 만들었구나

세상에 이보다
무엇이 더 오롯하랴

세상에 무엇이
이보다 더 숭고하랴

세상에 무엇이
이보다 더 소담하랴

〉
가진 것
다 내주고
더 줄 것 없어
허전해 하는 하늘의 마음
바로 당신이 내 어머니입니다.

곶감

니들이
그 지난한 세월
지대로 알기나 혀

언 몸
포슬포슬
뽀오얀
분 숫아 올려

쫀득쫀득
입덧 다스리며
모태 감돌아 온
달콤한 잉태의 시간

오랜 진통 끝
쏘옥 얼굴 내민
볼그레한 서녘 노을

나 어찌
한 순배
술잔 없이
그대 맞을 수 있으리.

꽃모란 당신

행여
그대 오시는 길
잊으실까 봐
집 앞 모퉁이에
모란 한 촉 심어 두었습니다

해마다 오월이면
초록 금잔디 마당
반질거린 장독 곁으로
꽃분홍 모란 치마
살포시 걷어올린 눈웃음 고와라

잠 못 이루는 밤이면
당신 방 창가로 내려와
포트에 물 잘잘 끓는 소리
그리움 절절히 불러내어
커피 한 잔 마주하고 싶습니다.

나 그대에게 모두 드리리

녹색의 포근한 적요
사랑의 팔베개해 주는
시원스러운 알프스 자락

거대한 바위 병풍 아래서
뜨겁게 타오르는
사랑의 모닥불을 보라

우리 무얼 위해
예까지 뛰어왔고
우리 무얼 위해
이 밤 불태우고 있는가

찬양의 메아리
하늘 감싸고
하이얀 게르 위로 사랑 익어가노니

추억의 수레바퀴 잘도 굴렸다
아름다운 곡조로 영광 돌리는 대장합
우린 그 속에서 소중한 사랑 익혀왔구나.

산후우울증

너무도 허전해서
너를 찾아나섰다

상큼한 바람 마중 나오고
까마귀떼 반가워 우짖는 오후

도토리 모다 털어내 주고
허기진 한숨 몰아쉬는 오후

여치 쓰르라미 서글픈 노래
보루에 가득가득 차오르는데

미덥던 도솔은 서둘러 가을 옷 벗고
산후우울증에 흠뻑 빠져있구나.

그대 곁에 있으니

그대를 만난 건
이우는 해거름 길
내 인생 낙조의 시간

그대를 만났기에
영혼 피폐해지지 않고
날마다 가슴 뛰는 설레임이다

두 발 함께 포갤수록
땀 젖은 세포 춤을 추고
가슴까지 매혹 향 찰랑거린다

세월 비껴가지 못한
노을빛 애잔한 임에게
희망 왕관 씌워주는 널 만나

내 인생 후반부
상큼한 초록으로 우거질 거다
가슴 뛰게 한 그대 곁에 있으니.

둘째 마당

월계수에 시가 젖다

초록 숲에 갇히다

초록 길 앞에 나서면
내 마음 저절로
청초해집니다

초록 숲에 안기면
초록 웃음 또르르
굴러나옵니다

초록 나무에 기대면
그리움 숨 가쁘게
달려나옵니다

초록 바람이 간질이면
까르르 뱃살 잡고
뒹굴겁니다

오월 초록 숲에
내가 갇히면
영혼까지 초록 물 젖을 거예요.

그대 핏빛 함성이여

시대의 아픔 가슴에 묻고
동장군의 압제에
할 말 잃었는가

자유 잃은 자의
멍울진 가슴속에서
피 울음으로 피었던가

더는 영혼까지
빼앗길 수 없어
눈물범벅으로 피워 올린 혼불

뼛속 깊이 묻어두었던
청실홍실 수놓은
핏빛 낭자한 태극 꽃이여

얼어 죽을지언정
향기만은 팔 수 없다고
서슬 퍼렇게 건져 올린
자존 한 자락

〉
삼천리 방방곡곡
여린 우듬지마다
피 흘리며 외치는
대한 독립 만세

겨울과 맞바꾸는
꽃샘추위 속에서도
봄빛 낭자한 선혈로 핀
홍매를 보라

대한의 꽃
독립의 꽃

조선의 혼불로 활활 타오를
그대 핏빛 함성이여.

가을, 차나무꽃에 꽂히다

추적추적
낙엽비 내리는 산길에서
불현듯 그대를 만났습니다
늦가을 최절정의 그 자리에서
모두가 마지막 정염을 토해내던
찬란한 해후의 그 길목
당신은 소박하기 이를 데 없는
하이얀 고무신에 명주옷 걸치고
이 가을 해설피 내게로 오셨습니다

땅거미 지는 썰렁한 뒷자락
우리 발걸음 어긋났으면 어쩔 뻔했습니까
당신의 그 푸른 젖줄에서 벋어 나와
옥구슬 같은 사랑을 먹고 자라난 나는
죽어서도 다시 만나야 할 당신 분신입니다
우리가 만날 수 있었던 오롯한 이 시간
그리움 보고픔 향으로 내뿜으며
하이얀 꽃열매로 얼싸안으렵니다

〉
오묘한 흰빛은 바로 당신의 빛
고귀한 사랑 당신에게서 비롯되었고
군자에게 바른 지조 필요하듯
여인의 정절도 당연하지 않나요
감당키 어려웠던 인생 여정
쓰고 맵고 떫은 통한의 시집살이
어찌 다 견디어 오셨나요
이젠 더이상 힘들지 마세요, 어머니
당신은 내게 온갖 화려함 다 감추고
구름꽃처럼 영롱히게 익어가시는군요.

초록 하늘에 핀 연꽃
- 서암정사 황목련

칠선계곡 고운 운무와
밤마다 춤을 추었지
벽송사 솔바람과
날마다 노래 불렀지

얼굴도 모르는 그대 때문에
나 얼마나 그리움에
몸을 떨었던가

일 년 중 가장 좋은 오월 열하룻날
볕 좋은 대웅전 앞에서
그대는 초록 바다에 뜬 연꽃 한 송이

수많은 수도승 사이로
동안거 막 끝내고 나온 그대
욕심 비워버린
달덩이 얼굴
네가 바로 부처로구나

〉
초조함 없는 너의 늠름함
바로 비움이었구나
너는 화려한 대웅전
멋들어진 금단청

더러움에 몸 담가도
결코 물들지 않는
서암정사 초록 연못에 잠긴
단아한 연꽃이어라.

모란꽃치마

어디에 숨어있다
어떻게 찾아왔니
모란아, 모란 모란아

바람도 숨죽이며
맘 졸인 오월 수목원
그토록 긴 시간
거기서 날 기다렸구나

눈부신 모란꽃치마
곱게 차려입으신
마틸다 어머니 오셨구나

밤새 내 날개옷 입은 선녀님과
함께 수놓은
보드라운 모란 꽃잎 좀 봐

보슬비 내리는 수목원
진분홍 꽃모란 그 치마
너무도 찬란하구나

〉
엄마와 해후할 때
흘렸던 눈물방울
모란꽃치마에 뚝뚝 떨궜지

커튼 쳐준 대나무도
속울음 삼켜가며
구슬프게 흐느꼈지

아, 또다시 이별이고 싶지 않다
울 엄마 고운 꽃치마
그리운 모란 모란꽃치미.

신비의 왕관

기도로 시작한
조촐한 영성의 시간
당신과 조우하려고
첫새벽 뻐꾸기 울음 싣고 왔습니다

이슬비 내리는 봄날
황홀한 꽃분홍 미소
은빛 거미줄에 걸리면
그대 몸 환희의 신비로 넘쳐납니다

임 발자국 소리
자박자박 들려올 땐
숨죽인 영혼 되살아나
현란한 빛의 신비에 휩싸입니다

불그스레한 그대 심장에
입맞춤 시작할 때면
가는 실핏줄 끝자락까지
고통의 신비로 달아오릅니다

〉
그토록 신비한 해후
부활 은총 위에
선홍빛 제의로 올린
눈부신 모란 왕관
영광의 신비로 더 빛납니다.

낙동강 가을빛

하늘도 물들이고
강물도 물들이고
우리네 가슴까지 감물이 들어
붉으락푸르락 떨떠름하게
아름다운 곶감 꽃 피어나는 상주

영남의 달보드레한 젖줄 낙동강엔
자연과 인문 혼용된 문학이 꽃피고
특정 시대 하나 아우른 게 아니라
물길 산길 깎아지른 천혜 절벽과 노송
모두 어우러져 빼어난 경천 이루었다

하늘이 스스로 만들어 낸 자천대
낙동강 천삼백 리 예향으로 물들이고
장구한 역사의 수레바퀴 속에
뜨겁게 생애 마친 선비 문학의 전당에
소담하고 단아한 문학관 우뚝 섰다

〉
영호루 관수루 영남루에 남긴 시의 진수
아름다운 자연과 인문의 조화 속에
영남의 선비 사상으로 전승되어 온
칠백여 년 장대한 문학의 조감
유장한 낙동강 흐름과 함께
찬란한 문학 원류 물밀듯 고동치리라.

신선도 탐을 내는 아름다운 달천

세상 모든 시름
달천에 내려놓고 가라

만상이 흐르는 융융한 일렁임
누가 인생 부질없다 말할 수 있으랴

강은 산이 그리워 출렁이고
산은 강이 그리워 뒤척인다

괴산호에 어린 고운 꽃단풍
물그림자로 앉혀놓고

신선도 탐을 내는
아름다운 능선 위 출렁다리
나라고 못 오를 리 있겠는가

천혜의 아름드리 자연 송림
선녀들 노닐다 가는 길목마다
환상의 혼례식장 만들어 놓았구나

〉
구름 너울 쓰고 애간장 녹이는
아스라한 연하협구름다리에
사모관대 쓴 신랑 각시 꽃 사랑 고와라

부질없이 짓밟힐 사랑을 위하여
그들은 얼마를 사랑하고 또 아파야 하는가

태곳적 신비 그대로 아우르는 산막이옛길
아름다운 충청도 양반 길이여

어둠의 명치끝에서 예쁜 꽃물 들여가며
자신을 내어주고 자신을 지켜내는 낙엽
산막이옛길에 모조리 깔아놓고 가라.

피레네 가는 길

앞서가려던 발길
뚜욱 멈춰 서서
목 빼고 기다리던 임
시방 안 보곤 못 살겠더이다
안개 서린 달그림자로라도
그대 곁에 서성이고 싶어
무작정 임 찾아 나섰습니다
짓밟히며 아팠을 영혼의 순례
그리움 얼룩졌던 대숲 푸른 건반
차마 당신을 외면하지 못했습니다

언 땅 비집고
빼꼼히 보이는 허공으로
산등성 외진 길 소쩍새
구슬피 울어댈 적마다
산구절초 한 움큼씩 토해냈었죠
영혼의 노래조차 닿지 않던 허공
안개 낀 달그림자 포옥 에워싸며
후미진 산자락마다 노을 걸어주고
뿌우연 미리내 길 비추던 그대 나침반
도전의 길 환히 열어 주었습니다

〉
이만하면
그대 영혼 누일
아름다운 꽃구름 이불
너무도 곱소이다
이만하면 향기로운
사랑의 꽃잎 향기
너무도 황홀하더이다
부디 내친 발길 툭툭 털고
당신 찾아 떠난 순례의 길
내 작은 달빛 뺨에
꽃나비 죽지 바람 한 움큼
둥실둥실 띄우고 가소서.

씨방

오로지 너 하나를 위해
모두가 절정의 자리에서
기쁘게 죽을 줄 알아야 한다
숱한 시간의 강 배회하며
화려한 꽃자리 뒤로하고
누가 푸석거린 버겁데기 되랴

헛헛한 가을 수렁에서
꼿꼿한 자존 세우며
흔들리지 않은 생명의 방
그득하게 채워놓은 곳간
노을이 오래 머물다 가며
인고의 시간 어루만진다

세상에서 가장 편안함으로
껴안을 수 있는 만삭의 시간
더없이 두둑해진 가을 들녘
바스러져 가는 이파리 하나까지
모두가 숨죽이며 만들어낸 절정
낙조에 더 아름다워지는 속리 연밭이여.

월계수에 시가 젖다

미완성은
준비를 통해
온전히 제자리를 찾는다

삶이 절박할 때
성숙한 변화를 자초하는

    詩

그는 성찰이며
내 인생의 궤적이다

준비하는 이에게
변화의 풍요로움으로
삶을 이끌어갈 삶의 지렛대

한순간 한순간

뜨거운 방문객으로
가슴속에 찾아들
나만의 행복 시
월계수에 흠뻑 젖게 하리라.

사랑 고백
- 지리산 둘레길에서

그대를 그렇게 좋아했으면서
그대를 그렇게 사랑했으면서
늘 변죽만 울리고 살았습니다

당신이라는 존재가 내게 너무 커서
당신 품 자락이 너무도 육중해서
내 치마폭으론 온전히 품을 수가 없었습니다

그러나 이제 마지막 용기를 내봅니다
타는 저녁놀 같은 뜨거운 발걸음으로
매혹적 교집합이 되고 싶습니다

내 가슴속 열정이 더 식기 전에
내 심장의 피가 다 마르기 전에
남겨진 사랑 고백 해보고 싶습니다

이제야 땅문서 욕심내는 게 아닙니다
그렇다고 완전한 동거는 더더욱 아닙니다
그대 그리울 때 가끔씩 찾아가 하룻밤 민박이면 족합니다

〉
이 세상에서 누구보다 나를 잘 아는 당신
탯자리 숨소리 발자국 소리 하나까지
모두 시가 되어 주고
굴곡진 내 인생 여정에 추임새 넣어 주며
삶의 둔덕 살포시 넘게 하는 그대가 있어 너무 좋습니다.

그대를 만나기 100시간 전

실로 얼마 만에 그대와의 해후인가
만남이 다가올수록 심장박동수가 요동칩니다
내 맘에 새로운 혈류가 가파르게 돕니다
젊음의 에너지가 전신으로 솟구칩니다
너무 오랜만의 재회라서
이렇게 꿈만 같고 설레는 일인지
지금까지 정말 몰랐습니다
그대는 내 심장 가장 가까운 곳에서
줄곧 함께 뛰고 있었음을 이제야 입증합니다

그대를 온전히 품기까지엔
꽤 오랜 시간이 걸릴 것입니다
그래도 조급한 마음 갖지 않으렵니다
젊음의 패기보다 사위어 간 불빛이 더 뜨겁기 때문입니다
이제 당신을 만나러 가기 전
100시간 앞에 내가 서 있습니다

〉
생각보다 훨씬 나이 들어 보인다 해도
실망하거나 놀라지 않을 생각입니다
한 사람이 온다는 건 실로 어마어마한 일입니다
그의 과거와 현재 그리고 미래가 함께 따라오기 때문입니다
세월이 앉을수록 더 풍요해지고 중후해졌을 당신의 풍채
찾아드는 방문객 인생 모두가 뒤따라왔을 테니까요.

청개구리 우편함

해님이 꼬아준 동아줄 꼬옥 잡고
먹감나무 위에서 그네 타는 청개구리
폭신폭신 구름 방석 깔고
신바람 날리며 돌고 있네

누런 벼 포기 사이에서
폴짝폴짝 껑충대는 메뚜기
푸른 배추 치마폭 들썩이며
부러움에 발 동동이는데

대문 옆 우편함 속에 숨어
장마당 서커스 곡예사처럼
아슬아슬 묘기 부리며
깨알 편지 솔솔 읽는 청개구리.

셋째 마당

시, 가슴으로 스며들다

춘삼월 옥구슬

마른 검불 더미 속에서도
네 심장 뛰고 있었구나

살얼음 가지 끝에서도
조랑조랑 노래하고 있었구나

죽은 듯 멈춘 시간 속에서도
영롱한 구슬 빚고 있었구나

연둣빛 숨결 그 생명이 트면
마른 땅 내 인생도 춘삼월이다

시샘과 꽃샘의 시간 속에
사랑의 꽃자리 다 내어주고

하늘이 허락한 꽃봄이 오면
옥구슬로 널 향해 소리치리라.

다시 젖무덤이 아파온다
 - 영산홍 붉게 피어오른 날

얼마나 보채고 울었을까
따스한 엄마 젖무덤 꼬옥 보듬고
쪽쪽 빨고 싶었을 맛난 그 젖
어미는 퉁퉁 불어 오른 젖가슴
동여매고 또 동여맸었다

사랑이 뭐길래

아이가 젖 생각날 때마다
활화산처럼 솟구쳐대던 그 생명의 젖
어미 가슴속에선 붉은 꽃으로 피어났지
누가 볼세라 가슴팍 밑으로
차디찬 포유기 몰래 숨겨가며
아픈 젖 짜내며 흘리던 피눈물
아까운 천금 젖 몇 되박은 흘렸을 거다

미안하다 미안하다

〉
분홍빛 영산홍 망울처럼
따뜻한 엄마 젖무덤에
보드란 네 얼굴 묻고
꼼지락거린 손 갖다 대고
얼마나 맘껏 그 젖 빨고 싶었을까

아가가 젖 먹고 싶을 시간이면
어김없이 뿜어져 올라오는 젖줄기
겉옷까지 흠뻑 적시고 꽃그림도 그렸다
해마다 네가 오는 날이면
난 또다시 젖무덤이 아파온다
양팔 꼭 끼고 젖꼭지 꼬옥 눌러도
젖 찾으며 우는 아이 생각나서다
젖 빠는 시늉하며 감긴 혀 속엔
엄마의 보드란 젖꼭지 대신
공갈젖꼭지가 널 더 울게 했을 테니까.

그리움 두고 온 갈대밭

밤마다 날 울리며
몸서리쳤던 신성리
탐스러운 서녘 노을
살짝궁 삼키려다
서걱거린 갈대밭에
벌겋게 토해놓고
겁먹은 아이처럼
달그림자 뒤따르며
자꾸만 움츠러들던 그대

제 설움 달래려고
매일 밤 울며 찾은
서글펐던 갈대밭 길
하마 그 설움 잊었느냐
그대에게 물으니
천연덕스레 웃고 있는
해국 앞에 답 물으라
뒷걸음질만 치는구나

〉
그대 환히 웃고 있었어도
쓰린 내 맘 먼저 알고
살 부비며 가슴에 먼저 안겼던
강산도 변했을 그 세월 앞에
몰라보게끔 그리움 웃자라
훌훌 벗고 있는 지금에 와서도
억지웃음 뒤에 숨지 말라며
가벼워진 등 자꾸 추켜세운다.

산수유 합창단

토닥토닥 겨울비 내린
촉촉한 학교 계단 앞
아담한 산수유 한 그루
붉은 리듬 악보 껴안고
눈빛 고운 아이들 기다린다

다닥다닥 곱게 물들인
빠알간 음표 머리에 이고
빗소리 장단에 맞춰
공연 준비에 몰입한
산수유 합창단

하굣길 밀치고 나온
알록달록 무지개 우산들
야외음악당 쫘악 에워싸니
흥 좋은 아이들 가방 속에선
템버린도 덩달아 춤을 춘다

〉
톰방톰방 흥겨운 비의 왈츠
빗방울 반주에 맞춰
나뭇가지에서 리듬을 타면
살곰살곰 봄님 오는 소리
빗소리와 함께 내게로 온다.

군자란 피워 올린 뜨락

그다지 넓지 않은 베란다
욕심껏 팔 벌려 당겨보는
황홀한 창작 활시위
시도 때도 없이 겨냥한 허공에
되돌릴 수 없는 처절한 과녁
가슴에 꽂혀버린 눈물까지
속 시원히 닦아내 주는
나만의 파란 손수건입니다

겨울 자락 함께 살 부비며
비워둔 베란다 한 귀퉁이에
옆집에서 분양해 온 군자란
열두 개 보석이 둘러싸인 황금 왕관
온 집안 광채로 번뜩입니다
시련은 빈 수레만 보내지 않고
아낌없이 채워 보내줍니다

〉
삼월 하늘에 너무 눈부신 광채
그가 당당히 빛나기까지는
깊은 땅속 풍화를 참았음입니다
하늘은 지상의 시야를 다스리고
뜨락이 그에게 자유를 인도하는 한
지하의 아름다움 모두 품었습니다

결코 거부할 수 없는 봄 하늘
거칠 것 없이 쏟아주는 햇살
반짝이는 보석에 모두 박혔습니다
삼월의 내 뜨락은 참 살만합니다
황금빛 목가로 가득 찹니다
화려한 땅속 그리움 모두
붉은 별로 내려와 앉아 있습니다.

가을 물빛에 잠기다
- 속리산 법주사

안개 자욱한 산사의 새벽
솔향기로 몸 씻어주고
고요로 마음까지 닦아 준
속리산 오리 숲길
구불거리는 솔숲에 휩싸여
몸마저 싱그러워지는 법주사

일주문이 반색을 하며
정토의 세계로 인도하니
아침 햇살 조용히 걷히며
늠름한 몸 드러낸 팔상전
그 곁에 찬란한 금빛 광채로
너무도 눈부신 미륵대불
이 아침 중생을 압도시킨다

싱그러운 경내 조심조심 돌며
발길에 다다른 새벽 샘가
가을 하늘빛 듬뿍 내려앉은
청량한 수조에 조용히 잠긴
아름다운 청동 미륵대불
가을 아침 원더풀이다.

식혜 익어가는 시간

그리움
조몰조몰 주물러
찰방찰방 앉혀놓고

보고픔
낱알 낱알
탐스레 익혀내어

추억담
농익혀
발효의 강 건널 때면

동동동
꽃몸살로 번져오는
달보드레한 엄마젖 냄새.

울엄마표 김장 맛

고향 냄새
울엄마 냄새
갖은양념 돌돌 말아
택배로 도착한
맛깔난 곡성 김치
한눈에 딱봐도
이건 울엄마표 김장 김치다

곰삭은 황석어 젓갈에
상큼한 청각 내음
얌전한 실고추에
고전미 넘친 석이버섯
곱게 가신 밤채 얹어
고소한 깨 조랑조랑
이건 눈 딱 감고도 울 엄마 맛이다

〉
얄팍하고 보드란 살결
쪽빛 감돈 푸른 치마폭
원료부터 엄선할 울 엄마
간절임이 고수라며
허리 낭창 새색시 닮은 그대
사십 세월 전수된 자부 솜씨에
그 맛 그 멋 고스란히 다 담겼네.

비 내리는 신두리 바닷가

내 생에 짠한 그리움이
몽글몽글 피어오르던 바닷가
갈 곳 없어 몸 맡기던 방조제
끼룩끼룩 품까지 찾아든 갈매기
그땐 그도 내 친구였지

타파가 데리고 온 성난 파도
신두리 바다 세차게 걷어차며
잠들지 못한 갈매기 떼들
겁 먹이며 후드득후드득 깨운 새벽
세찬 날갯짓에 놀라 맨발로 창문을 넘었다

홍두깨로 곱게 밀어둔 밀반죽처럼
결 고운 모래사장 맨발로 걷노라니
받쳐든 우산 악보 토도독토도독
튕기며 춤을 추는 시의 가락
타는 파도와 협연을 요청한다

〉
나이도 잊어버린 채
춤추는 신새벽 해변의 여인
바람도 신이 나서 탱고로 밀며
내 몸 감아 안고
회한마저 휘돌아 가는 보카 지구
갈매기 춤사위 닮으라 자꾸 다그친다.

사랑의 징검다리

신바람 난 그대 보듬고
옹기종기 둘러앉아
시린 발 감싸 쥐며
살얼음 녹여내는 봄바람
물수제비 뜨고 가라
거릴 두고 앉았더니
응석 부리는 수양버들
제 머릿결 먼저 담그는구나

유등천 이어준 돌다리
사랑의 징검돌 되어
깃대종 감돌고기 키우고
버들강아지 앙징한 꽃눈
물그림자에 더 애처로워
서걱이며 떠나지 못한 시심
빛바랜 억새 노래로 잠재운다.

단풍 술로 취해버린 단양강

소백산 자락 안개 베일
조심스레 벗겨다가
그대 뺨에 사알짝 걸쳐놓고
보일 듯 말 듯 속살 부비는 잔도
절벽 붙안고 애간장 태우는 그대
느림보 물길 당신이 더 야속하네요

못 본 척 남한강 따라 돌며
암벽 입술만 적셔대는 낙엽주 한 잔
그대 가슴 단풍 물로 잠길 때까지
외로운 난간 붙잡고 나 어쩌란 말이요
천혜 절경 더듬으며 감도는 스카이워크
부디 다디단 꽃술로 취해 오소서 그대여.

후박나무 등걸

세상으로 통하는
경당 유리문 너머로
까치둥지 보듬던 후박나무
앙상한 뼈마디로 하늘 맞섰다

흐드러진 잎새마다
하늘 치솟던 푸른 기개
상처 난 영혼의 그루터기
감추어 줄 손바닥 가리개

누구 부름 받들어
처절히 십자가 지려는가
떨던 심장에 따스운 피 돌려
뜨거운 맥박 뛰고 싶었으리

그 강직한 결단
절박한 고통 뒤로하고
성혈 낭자한 고귀한 성전에
또 한 번 아픈 결박 고집하며

〉
보란 듯
구원의 불빛 치켜들고
목마른 영성의 뜨락에
한점 사랑 십자가 꿈꾼다.

섬티아고

창조의 숨결 정히 드리운 채
융합 문명 하늘로 맞섰다
천사의 섬 연이어진 바다의 다리
아름다운 한 폭의 대서사시를 보라
태초의 신비 가득 찬 하늘의 마음이다

기점도 여명 조심스레 걸어다가
병풍도에 눈부시게 펼쳐놓고
자발적 가난 자초하며 걷는 길
즐거운 불편으로 눈물겨운 시간

맨드라미 불타오른 붉은 산등성
가을빛 깊어가는 약속의 땅에
순례자 발길 내딛는 언덕진 섬
열두 사도 영성 날로 드높아라

달싹이는 갯벌 오롯이 껴안고
자유롭게 뛰노는 짱뚱어 바라보며
노둣길로 정답게 걷는 사랑의 경당
아름다운 섬. 티. 아. 고

〉
바닷물 절렁절렁 밀려들면 사라졌다가
썰물 되면 또다시 길이 되어 주는
신비스러운 기적의 순례길
지평선이다가 수평선이다가
손맞잡고 순례자 발길 끌어모은다.

풋밤 익어가는 소리

우람한 초록 품에
까까송이 잠재우고
쓰르라미 목청 돋우니
살진 가을 곁에 왔구나

저마다 농익어 그을린
인고의 세월 뒤켠에
빛나는 사랑 품고 있으니
가을엔 모다 행복일지니

후덕한 마음 자락에
저절로 이끌리어 온 사랑
태초에 나 홀연히 왔으니
지금 나 모두 덤이거늘

엷은 속내 드러내고
겹겹이 드리운 정
아낌없이 모두 드리니
흐뭇한 가을 옥동자이소서.

넷째 마당

시와 함께
초록 그네를 타다

삶의 우물가로 오신 그대

밤꽃 숭어리 너절너절
성령의 길에 깔아놓고
밤새 달빛 기도 끌어올려
말끔히 닦아놓은 영혼
반질반질 윤기가 돈다

보석 같은 유월 햇살 조각
벳자타 연못에 쏟아 내리면
연잎 퍼즐 요리조리 맞춰가며
거대한 꿈을 꾸는 초록 산등성이
물그림자로 초연히 잠겨있구나

잔잔한 호수 위 연잎 조각배
하이얀 아기 병아리 태우고
등 맞대며 노젓는 비단잉어들
삶의 우물가에 살며시 오신 그대
벳자타 연못 자비의 사공이다.

석류꽃 당신

초록 윤기 감도는 쪽빛 치마
햇살 빛은 주황 깨끼저고리
살랑거리는 바람 속에서
추억의 꽃춤을 춥니다
휘어질 듯 허리 낭창한 그대
모처럼 화전놀이 나온 그리운 임
초여름 풍경화로 나부낍니다

시집살이 잠깐 잊은 거랬지
살림 걱정 잠시 놓은 거랬지
혀 감긴 언어로 풀어낸 응어리
세상만사 몽땅 던져버리고
온몸에 새콤달콤 석류 냄새
얼굴까지 퍼져 오른 붉은 혈꽃
그 잎새 뒤로 당신이 보입니다

〉
평소에 볼 수 없었던 핫 매력
그때 내 엄마 한 인물 하셨지
그때 내 엄마 한 몸매 하셨지
꾸미지 않아도 절로 눈부신
잘 익어 벌어진 빨간 루비
비켜선 세월 뒤켠에서도
아리따운 별 보석으로 반짝입니다.

와이너리에서

내 몸
몇 도로 품어야
온전히 사랑할 수 있는가

내 몸
얼마를 더 삭혀야
나만의 색깔을 가질 수 있나

이 몸
얼마큼 더 얼려야
천국 맛을 느낄 수 있나

무덤덤한 가슴에선
불같은 꽃 향 피어나지 않으리

곰삭은 가슴에서 우러나는 맛
더 맛깔나듯

〉
시고
달고
떫고
텁텁한 맛 어우러져야

제대로
그대를 품을 수 있으리

나도 한 번쯤
차가운 토굴에서
맛깔나게 익어가고 싶다.

옥녀봉으로 날 부르네

사방에 초록 커튼
휘늘어지게 걸어놓고
오솔길 사뿐사뿐 딛고 온
춤추는 바람 소리
소쩍새 노래 뒤따라
땀 식히며 오라네

신병 훈련대 씩씩한 공작고사리
당찬 꽁지깃 세우며
잎새 뒤에 숨겨놓은
산딸기 덤으로 따주고
노루 발자국 앞세우며
옥녀봉으로 날 오라 부르네

어느 결에 들켜버린
울근불근 붉어진 힘줄
흐물흐물 떨리는 속살
안타까워 못 보겠는지
늘어진 근육 빵빵 채워주겠다며
추억의 옥녀봉으로 날 부르네
야외 헬스장으로 날 오라네.

달그림자로 만나고 싶소
- 월류봉에서

햇살 푸르러 눈이 부신 날
사면에 늘 푸른 병풍 펼쳐놓고
초강천 휘감아 흐르는 얼굴
세상 누구에게도 견줄 수 없는
천하절색 오귀비
달빛 쏟아지는 밤이면
그대 그리워 풍류를 읊는
의로운 월류봉에 앉아
빼어난 그대 절필 품에 안고
그리움 짓무르도록 새겨 울고 싶어라
그대 떠난 뒤 허한 가슴 뒤흔들어 놓고
말도 없이 되돌아선 그대 강바람이여
달빛 밝은 밤이면 홀로 되뇌던 사모곡
그리운 가슴팍에 이리도 연연한데
고독도 병이런가
아쉬움만 짙어가네
잠시 머물다 간 이별의 뒤안길에
그리움 이리도 절절히 회오리치는데
달 밝은 밤이면 언제든 내 이름 불러주오
깎아지른 절벽 꼭 붙안고
달그림자로라도 그대 만나고 싶소.

누워서 하늘을 보니

옥녀봉을 오르다 숨이 차
유월 벤치에 벌러덩 누웠다
갑자기 뒤바뀌어 버린 세상
하늘은 이내 푸른 바다가 되고
바다엔 온통 초록 물고기다

생명이 춤을 추는 푸른 물결
하늘 바다는 싱싱한 초록빛이다
바람도 샘이 나는지
앞다투어 다이빙을 하다가
하늘 숲에 풍덩 회오리를 친다

푸른 수초들이 너울거리는
보석 같은 하늘 바다
꿈꾸는 사색의 보물창고이다
등 푸른 떡갈 물고기떼
유영하는 도토리 피래미들

〉
바람 허리 찰싹 껴안고
요리조리 잘도 빠져나가는
생명의 숲 하늘 바다는
온종일 푸른 꿈 퍼나르는
초록 물고기떼들로 넘쳐난다.

반야사에서

근엄한 대웅전 앞에서
이름 모를 산새 반가워 우지진다
백화산 지키는 호랑이 돌너덜
못 보고 그냥 지나갈까 봐
조바심 나 더 큰 소리로 우지진다

산신각 용마루에 큰 배 감추고
하늘로 꼬리 곧추세우며
반야산 지키느라 포효하고 있는 그대
흘러내리지 않은 돌너덜로
만들어낸 그대 형상 예사롭지 않구나

극락전 앞에 서 있는 삼층 석탑
무학대사 지팡이가 꽂힌 그 자리
선 굵은 배롱나무 두 그루
반야사의 역사 품에 안고
일체유심조 노래하고 있다.

글마중 캐슬

늘 보던 문우 얼굴이지만
오늘은 왠지 낯설고 서먹하다
티없는 열정으로 언어의 집 짓던
정든 둥지 떠나 새 둥지 틀던 날
닳고 닳아서 편한 운동화처럼
정으로 뭉친 문우 웃음소리가
얼다 만 우유처럼 자갈거린다

서로서로 내민 차 한 잔에도
따스한 사랑 어렸던 세이 그 정 그리워라
언제쯤 새 정들어 내 집처럼 편해질까
강산이 변할 만큼의 시간의 강 건너
시 창작에 매료됐던 동인들
손때 묻은 글마중 캐슬 일곱 권이
당당하게 얼굴을 들이민다.

꼬마 동자꽃

우주의 마음이다
하늘의 손길이다
땅의 품속이다

해맑은 웃음 속에
자비부터 배우는
앙징한 고사리손

외로움 외면한 채
고고히 일어서서
너른 자연을 품는다

햇살이 더 좋아라
바람이 더 좋아라
나부낀 채 크는 꼬마 동자승.

꽃사과 익어가는 날

아무 관심도 쏟지 못했는데
너무나 눈부셔서
너무도 아름다워서
손 한 번 잡지 못하고 그냥 머물다 갑니다

너무 왜소해서
눈에 띄지 않았어도
풋풋한 생각 살찌우고
매일 밤 고운 꿈 꾸었나 봐요

어쩌면
고 작은 가슴끼리
서로 보듬고 어루만지며
맛깔나게 익어가는지

산새는 다 알아요
노루도 다 알아요
누구든 욕심내지 않아야
꿈빛 알알이 곱다는 것을요.

광릉요강꽃
- 고운식물원

서릿발 성성한
차가운 잔디 광장
차마 말로 하지 못하고
언덕배기 산자락에서
별님도 모르게 숨어울던 요강꽃

달님이 먼저 훔쳐볼까
청사초롱 앞세우고
살포시 감싸 올린
연초록 저고리에
요염이 내민 꽃치마 고와라

나붓나붓
춤추는 선녀 족두리에
나부끼는 고운 꽃부리
톡 터질 듯 부푼 복주머니
귀여운 악동들 세뱃돈 풀어준다.

시와 초록 그네를 타다

하늘 치솟은 상수리나무
늙은 소나무 가지 받쳐주니
산뜻한 초록 커튼 사이로
목청 좋은 휘파람새 불러냅니다

아카시아 향기에 취해
초록 부채 들고나온
신이 난 오월 솔바람
뻐꾸기와 노래 경연을 벌입니다

새로 맞춰 입은 멋진 드레스
떡갈 초록 도토리 초록
서로 입이 닳도록 자랑하며
시가 되어 앞서거니 뒤서거니
멋진 초록 그네를 탑니다.

단풍 깻잎

들깨밭 이랑 감아 돌며
노오란 물감 풀어놓고
알록달록 깻잎 색종이에
들깨 꽃송이 송송 찍어놓은
가을 하늘은 온통 꽃 전시장

노랑나비 호랑나비도 좋아서
벌름벌름 코 흠씬 거리며
깻잎 향기에 농 취해
단풍 치마 들추고 놀던 갈바람
들깨밭 헤집고 다니다 길 잃었다

알록달록 잘도 물든 노랑 저고리
치마폭마다 감추어 놓은 고소한 향 단지
꽃양념 켜켜이 넣은 맛깔난 단풍 김치
갈피마다 풍겨 나온 고소한 깻잎향
올가을 특급 풍미 옹골차게 품었구나.

다섯째 마당

시와 열애에 빠지다

꽃구름다리

출렁출렁 춤을 추는
오월 꽃구름다리
선녀님 만나러 나들이 가나

아카시아 향기
몽땅 날려주고 싶어
출렁출렁 초록 그네를 탑니다

산새들 지저귀는
향긋한 오월의 숲
재잘재잘 초록 노래 잘도 부릅니다.

영성의 숲길
- 솔붓꽃

청아한 오월 신새벽
노루 발자국 하나 찍히지 않은
조용한 내 어머니 영성의 숲길
보채는 바람결 단잠 깨웠나
정갈한 잔솔가지 아래서
영적 단장에 매료된 그대 모습

초록물 짙어갈수록
성찰로 다진 신심 끌어올려
쇠잔해진 피 뽑아 물들인
보랏빛 영대 두 쪽
영성의 굳은 심지에
먹물 곱게 찍어 그려낸
수묵 담채화 한 촉

〉
비탈진 기도의 이랑에
너무도 눈부십니다
거대한 낙락장송 아래
묵은 솔잎 비집고 나와
파리하게 떨고 있는 고매한 당신
보랏빛 미사포 사이로
참회의 옷깃 곱게 여민
침묵 속 절절한 기도 하늘에 닿습니다.

오월 하늘에

오월 하늘에
울 엄마 오셨다
아카시아 향기
석작 가득 담아 이고
몽실몽실 구름자락 감고
진초록 치마 휘날리며
반가운 울 엄마 오셨다

오월 뒤란에
울 엄마 오셨다
대나무 석작 가득
포슬포슬 맛김 나는
뽀얀 흰무리떡 이고
바람 따라 오셨다
구름 따라 오셨다.

출렁다리, 월령산 유혹하다

아카시아 향기에 매료된
야시시한 월령산 치마 구름
오라는 임의 손짓인 줄 알고
겁도 없이 내밀어버린 발길
꽃길인 줄 알고 무작정 내디뎠더니
웬걸 천 길 낭떠러지 악마 숲
한 발짝 더 디밀지 못하고
요염한 물빛 요정 꼬임수에 심장마저 얼어붙었다

바람의 심술 더 야속하더라
꽃구름 그네 사알살 밀어대더니
부풀 대로 부푼 치마폭 냅다 뒤집어
후들후들 떨리는 아찔한 상공
달그림자 품고 휘청거린 월령산 알몸 어쩌랴
더 나아갈 수도 되돌아올 수도 없어
혼쭐 나간 채 흔들린 부엉산 난간 부여잡고
오장육부마저 출렁출렁 기함해버렸다.

시와 열애에 빠져라

그리움 마주하는
서정의 곳간에서
삶이 절박해질 때
그댄 무얼 하나요

보고픔 풀어놓고
간절함 덧꿰매며
사랑에 목마른 시간
그댄 어찌 견디나요

때때로 좌절하는
영혼 곧추세우며
삭막한 광야 헤맬 때
누가 버팀목 되어 주나요

절심함으로 가득 차
허황해진 그대 심장에
사랑의 랩소디
뜨겁게 울려 퍼지고

〉
메마른 가슴 자락
월계수에 흠뻑 젖을 때까지
두근댄 심장 소롯이 달래며
미련 없이 시와 열애에 빠지리라.

느티빛 그대

그대 오신다
느티빛 새 옷 차려입고
하늘 고운 꽃구름 이고
어여쁜 그대 오신다
푸른 망초 어우러진 사월 언덕
솔바람 휘이휘이 저어가며
뒤돌아보지 않고 떠나시던
못내 그리운 임이시여

그리 황망히 그댈 보내고
소리 없는 피 울음 삭이며
방울방울 흘러내리던 내 눈물
아직도 마르지 않았는데
연둣빛 고운 느티 옷 다시 갈아입고
그리운 그대 다시 오신다
너울너울 춤추며
아름다운 그대 오신다

〉
고요한 정화의 이랑에
사랑의 단비 뿌리며
아픈 상흔 초연히 씻어내리고
푸른 결기 다잡는 당신이여
사순의 고통 홀연히 이겨내고
부활 꽃등 밝혀주려고
자애로 얼룩진 십자가 뒤로
느티빛 고운 그대 오신다.

사순의 시간

긴박한
고통 없이는
화려한 왕좌
있을 수 없다

쬐꼬만 꽃눈 하나
쏘옥 틔워내려고
수많은 꽃샘바람
문앞에서 울고 갔지

봄 까치눈 같은
앙징한 너 하나 얻으려고
간밤 꽃샘추위
처마 끝 다 얼렸지

천지 분간 알 수 없는
진통의 시간 없이
부활의 신비
맞바꿀 수 없을 거야.

너무 아름다워 슬픈 그대

젖배 곯으며 자식 키워낸
어미 모정 그 누가 알랴
축 늘어진 가슴마다
그리움 올올 피어올랐네

슬픔의 가지 끝마다
못내 출렁이는 그대여
네가 있어 나 행복하노라
네가 있어 나 행복했노라

찢어진 이불 한 자락 에워싸고
수많은 자식 길러냈던 어머니
장한 그 어미 같은 꽃이여
널 보고 있으면 왠지 눈물이 난다
널 바라만 봐도 눈물이 난다

고와서 너무 슬픈 그대여
이대로 널 보내고 싶진 않다
네 등 뒤에 그냥 서 있고 싶다
잠시라도 네게서 눈을 떼고 싶지 않아.

소양강 노래가 되다

꿈결처럼 아스라이
그리움 삼켜 가며
새하얀 버선발로
소양강 맴돌던 아지랑이
반짝이는 은비늘 툭툭 털며
달려나온 임 마중

애지중지 피붙이 자식
첩첩산중 양구 땅에 남겨두고
매정하게 돌아오던 길
흩뿌린 눈발 맞으며
헤설픈 소양강 향해
목메임으로 부르는 사모곡

떨어지지 않는 발길 되돌리며
울며 돌아서던 모정의 시간
왜 그리도 맵고 짜든지
내 마음속 아린 수채화
노래가 되어 또 날 울리네

〉
아, 목메어 부르는
대한의 아들 충성 소리
고즈넉한 태백 등줄기 울리며
보고픔 농익은 초록 마을엔
서러움도 녹아라
그리움도 녹아라.

단호박죽

호박죽을 쑤려다
아, 어쩌면 좋아
너무 붉은 네 속살
타는 저녁놀인 줄 알았네

겉과 속 다르다더니
널 보고 이른 말이구나
열정적 침묵으로 일구어낸
네 성찰 너무도 눈부셔서

정제된 햇살 고스란히
너의 심장에 머물러
타오르는 해 오롯이 품고
속 깊은 고해로 붉은 태반 되었구나.

의붓어미 자화상

엄살 한 번 안 피우고
투정조차 할 줄 모르던 너
앙칼진 울음 터트려야만
젖 한 번 더 물렸을 텐데
퉁퉁 불은 젖 옷섶에 쏟아내며
의붓어미보다 더 매정했구나

거칠고 냉혹한 세파 속에
여린 널 보낼 생각 하면
이리도 가슴 미어지는데
아리고 쓰린 모정 모르는 채
담담히 웃음 띤 네 모습
애간장 태운 이 가슴 그 언제나 알까나.

겨울 호숫가

사계절 내내 흔쾌히
내 발길 머물게 하고
혁혁한 열정 다 바쳐
영혼까지 침잠시켜 버린
정겨운 베데스다 연못

뜨겁게 불타오르던 그 향연
스스럼없이 다 내려놓고
한 점 과한 욕심도 없이
쉼의 서터를 누르고 있다

절정에 다다른 작품으로
혼신의 힘을 다한 명연기로
수많은 관객 사로잡았던
베데스다 대 콘서트
겨울 수채화로 초연히
살얼음 속에 잠겨있다

〉
연잎 조각배 건드리며 노닐던
아름다운 비단잉어들
하이얀 백로 떼 물 위에 동동 띄워놓고
환상의 뱃놀이 즐겼던 호숫가

이제 마알간 얼음 유리에
지친 몸 따사로이 감싸놓고
초연히 겨울 연가를 부르고 있다.

세상에서 가장 귀한 보물

부모님 살아계실 적엔
삶 자체가 역사였지만
두 분 계시지 않는 지금은
공허로 가득 찬 빈 하늘입니다

돈으로 살 수 없는 우리 오 남매
귀한 보물로 남겨주신 부모님
자발적 희생과 값진 그 사랑
추모 문집으로 재탄생되었습니다

자식들 가슴마다 피어나는
추억의 보물 샘 사랑의 흔적
부모 사랑 다시금 되새김하니
추모의 강가에 감사 물결 남실거립니다

어떤 손가락 하나 아프지 않은 자식 있었을까
누구나 가난으로 곡진했을 시절
사랑의 무욤처럼 행복을 물들여 준 부모님
감사의 눈물비 가슴을 적십니다.

여섯째 마당

시가 된 내 인생

다랑이 옆구리 적시는 새벽

태초의 적막
고스란히 걷어내고
아스라한 안개 산에
아기 별 두 개 걸어놓았네

겹겹이 둘러싸인 허공
자욱한 안개비로
다랑이 옆구리 적셔주니
살맛나는 새참한 봄빛
여기저기 덧칠해 놓았구나

굽이굽이 기어오른 능선마다
거역할 수 없는 공중 도시에
신비의 옷자락 잘도 걸쳐놓았다

인생길 오르고 오르면
그 끝자락 어디인가
좇기듯 바짝 다가온 세월
잠시 너에게 기대어
이 몸 쉬어가련다.

물 정원에 고요로 얼비친 달

봄빛 이렇게 무르익었나
레온 빛에 반사된 파리한 꽃이파리
물 정원에 고요로 얼비친다

얼마나 잰걸음으로
날 뒤따라왔을까

행여 발길 어긋날까 봐
몇 번이나 가쁜 숨 몰아쉬었을까

첫발 내디딘 사방팔방 밝혀둔 레온 불빛에
사파공원 이렇게 휘황한데
너의 출현에 사파가 더 눈부시구나

서툰 여행길 어두울세라
보름달까지 뒤따라 보낸
너그러운 그대 마음

〉
늘어진 공원 등걸 사이로
반가운 얼굴 내밀며
등대지기 자청한다

오토바이 경적 요란한
사파의 혼미한 밤거리에
넌 든든한 내 보디가드.

대죽나무 흔들어대는 오후

안개가 베일을 치는
우람한 임의 품에
떨리는 가슴 안고
몽환의 붓을 치켜들었다

거대한 사유의 바다에서
열정의 계단 더듬으며
허공마다 짜릿한
추파를 던진다

붉은 네 입술에
안개비 아롱이면
곡진한 글 이랑에서
번뜩이는 눈을 뜨게 하겠소

바람이 춤을 추고
시간 나붓나붓 흐르면
벗겨지고 생성되는 상념들
그대 가슴에 죄다 쏟아붓겠소

〉
한 치 앞도 알 수 없는
벼랑의 종착역에
차가운 먹구름
대죽나무 흔들다 가면
미련 없이 그대 품에 안기리라

인생도 사랑도
모두 영원할 수 없는 것
부질없는 욕심일랑
구름자락에 띄워 보내고

안개비 흩뿌리는 허공
나긋나긋한 그대 품에서
종일토록 놀다 가고 싶소.

추억별 반짝이는 호수

그냥
품어지는 게 아니었습니다
마구 채워지지도 않았을 거구요
차고 넘칠 수도 없었겠지요

오직
인내와 사랑으로
괴로움 갈아엎고
외로움 끌어안고
피눈물 그냥 퍼 담아야 했습니다

인고의 세월
고스란히 보듬고
세월 가도 낡지 않을
추억별 반짝이게 하려고

두 마리 물소로
젊음과 꿈을 갈아엎어
열정과 집념 하나로
자존을 응축시켰습니다

〉
젊음이 조국 위해
투기와 결기로
땀과 눈물 출렁이는
대망의 호수에
애국을 퐁당 퍼 담았습니다.

차라리 내 발길 돌릴게요

이렇게
울면 어떡합니까

그렇게
통곡하면 어떡합니까

집안 등불까지
모조리 꺼놓고

천둥 번개까지 불러와
이렇게 실신해야만 했습니까

발길 돌려놓으려고
먹구름에 성난 소나기까지
기어코 동원해야 했습니까

그래도
발길 아니 돌리니
때아닌 우박 세례까지
퍼부은 건 너무도 혹독합니다

〉
부디
노여움 거두소서
악감 잠재우소서
천둥보다 더 무서운 우박 세례

이게
당신의 진심이라면
차라리 내 발길 돌릴게요

이렇게 표독한 으름장으로
보낼 수밖에 없다던 당신 진심
충분히 알고도 남을 것 같습니다.

제발 태클 걸지 마세요

인정사정
없더라고요

눈치
코치
그 이상도 이하도 없고요

그대들께
피해 안 주고
사건 만들지 않으면
그냥 된 거 아닙니까

역주행도 아니고
접촉 사고 하나 없으면
그저 된 거 아닙니까

내 가족 내가
하나 태우든 열을 태우든
제발 관여치 마세요

〉
우리 집 전 재산
황소 한 마리도
내 식구이니

만능 자가용에
함께 태울 수 있는 거
아닙니까

제발
내 재산목록에
태클 좀 걸지 마세요.

찬란한 어제를 토해놓고

생각지도 않았던
천둥 번개가
창문을 뒤흔들며 날 깨운다

멀리선 닭 울음소리
개구리 울음으로
사파의 첫 여명을 걷고 있는데

한바탕 요란하게
휩쓸고 간
불투명한 새벽이
너무 곡진하다

한꺼번에
쌍생아를 출산하듯
찬란한 어제를 토해놓고
많이도 허전했나 보다

〉
사파의 새벽은
돌변한 갱년기처럼 급습해
시시콜콜 화를 내며
날 당혹해 한다

잠시만 마음 누그러뜨리면 되는 걸
괜시리 열 내고 화내고
실신까지 할 뻔했잖아

어둠 속에서
구름자락 걷어내는
고요한 다랑논
살며시 웃으며 기지개를 켠다.

그대와 열애에 빠지리라

거꾸로 보이는 산자락
아스라한 내리막길
온통 몽환의 구름바다로다

청아한 허공 부여잡고
구름자락에 몸 기대어
낚시질 유혹에 바쁘다

찬란한 봄밭 휘휘 저어
구름 폭에 감싸다가
시인의 가슴에 농뿌려주면

눈부신 서정의 골짜기마다
진귀한 사랑 송송 펼쳐놓고
광활한 그대 품에서
열애에 빠지고 싶다

나 오늘 널 만나지 못했다면
빈 기침 헛웃음으로
세상 뒷발질하며
기고만장했을 거다.

그대의 뜨거운 눈물 되리

선녀의 속살인가
안개비 눈물인가

깟깟마을 돌고 돌며
다정히 잡은 손길
아스라이 놓아버리고
목 놓아 우는 소리
폭포 소리에 숨이 멎는구나

사노라면
한 번쯤 보란 듯 내리치리라
더 치솟지 못하게

어차피
정점 다음은
내리막길 아니더냐

서러운 마음 모조리
폭포수로 쏟아내는 날
나 그대의 뜨거운 눈물이 되리니.

낙화

평생을 그리움으로
맘 졸이며 살았는데
아직도 흘릴 눈물 남았던가

꽃젊음 앞에서
너무도 무색하게 찾아온 광야
그때 혼자 몸서리치며
다시는 흘릴 눈물
바닥난 줄 알았는데

아, 어쩌란 말인가
이 뜨거움
이 목메임

그대를 사랑한 게 죄라면
다시 그 그리움 되찾고 싶다

서러운 내 눈물처럼 떨어진
하이얀 아침 낙화
내 젊은 날이 또다시 쓰려온다

〉
그리움쯤 이젠
다 고갈된 줄 알았는데
짜디짠 눈물 다시는
이렇게 고일 줄 몰랐다

찬란한 일출 앞에
다시 무색해져버린 내 사랑
한 번쯤 그 사랑
쓰담쓰담 해 주자

더 이상
아프지 않게 어루만져 주자
인생 느즈막에 찾아온
나의 작은 평화

너무 아름다웠기에
너무 수고로웠기에
사랑은 진정 위로인 것을

그거 하나 필요했고
따스한 가슴에 고인 눈물 한 방울
필요했을 뿐인데

〉
그 한마디가
몇 번의 강산을 아프게 만들었던가
하노이의 일출을 쫓다가
너무도 흔연하게 낙화한 너 앞에서
내가 너무 무색해진다

나도 그렇게 설리 피고
설리 졌어요

아무렇게나 흩어져 깔린
꽃잎들의 아픈 절규가
세상은 다 그렇고 그렇다고 일러준다.

빨간 속치마
- 바나나꽃

그렇게 널 좋아했다면서
그렇게 널 사랑했다면서

우린
너무나 모르는 것 투성이었네

하기야
알 것 다 알아버린 것보다
베일에 싸여 벗겨지지 않을 때
더 신비스럽더라

노오란 네 웃음
한 겹 한 겹 벗겨질 때마다
우린 거리낌 없는 친구가 되었지

그런데
한 번도 볼 수 없었던 빨간 네 속치마
너무 눈부셔 눈을 뜨지 못했어.

사랑한 게 죄라면

새벽 하늘에 불끈 솟아오른
너를 바라보니
내 사랑 아직 죽지 않았구나

평생 그댈 쫓다가
그대만 바라보다
나 이제 눈 멀고 귀 멀어
황혼역에 털썩 주저앉았다

흰 눈 같은 너의 미련이
이제야 내 가슴에 흐드러지게 피어
소리도 없이 뚝뚝 이울고 있다

너를 사랑한 것뿐인데
아직도 내 눈에 네가 밟히니
괜시리 미안함에 머쓱해진다

죽도록 사랑한 게 죄라면
그 열애 또 한 번 빠지고 싶다

〉
서러웠던 등성이마다 곱게 뿌려진
내 고운 눈물 자욱

아침 일출에 황홀하구나
너무도 아름답구나.

요광리 소나타

월계수에
시 젖는 날
내 맘에도 소롯이 시의 꽃이 피어난다

교실 문 박차고
요광리로 내달린 문우들
바람 자락과 살 맞대며 자연이 된다

산자락 만지고 놀던 뭉게구름
유월 잔디밭으로 마중 나와
꼬리치고 달려오는 데일리와 놀고 있는데

그리움에 입 다물지 못한
빠알간 보리수 설레는 볼에
진 붉은 키스 마크를 남긴다

청보랏빛 로벨리아도
기쁨의 눈물 흘리며
그리움의 시 한 수 읊어주니

〉
동심 태운 분홍 연꽃 배 두 척
사랑 연못에 동동 떠다니니
꼬리 출렁이며 어쩔 줄 모르는 금붕어들

진 붉은 부처꽃들의 부채질에
노랑나비 떼 놀라 달아나고
간지러운 부들 악보로 노래를 하네

파란 잔디 너무도 눈부신 요광리
물소리 바람 소리
지저귀는 새소리

이대로 유월 소나타로다.

| 김숙자 시인의 에스프리 |

사랑과 열정의 뜨락에서 분출된 동심의 활화산
— 김숙자 시인의 동시를 중심으로 —

교육학 박사
문학평론가 김숙자

1. 김숙자 시인의 시의 근원

시인이란 자신의 가슴속에서 절로 우러나오는 나만의 감성의 물을 마시면서, 그 맛을 음미해 가며 스스로 도취하는 자일는지도 모른다. 이처럼 스스로의 감성에 도취됨으로써 그의 생각과 체험이나 의지를 어느 정도까지는 밀어내고 재조직해 가며 새로운 시로서의 생명력을 이끌어낸다. 그래서 시는 오묘하고 황홀하면서도 어떤 때는 열정적인 광기가 서린 듯 새로운 세계를 가슴속에 펼쳐내기도 한다.

필자는 시인이기 이전에 먼저 철저한 교육자였다. 누구보다 순수한 아이들이 더 없는 재산이었으므로 아이들의 교육과 사랑 외에는 아무것도 부러운 것이 없었다. 그러면서 자연스레 아이들과 함께 생활했던 동안은 누구도 부럽지 않은 동심 부자, 행복 부자로 살아가게 된 것이다. 그러한 순수한 동심 세계를 지

향하며 사랑과 열정으로 교육에 임하다 보니 자연스레 필자 역시 동심의 소유자가 되어버린 것이다. 초등 교육에서 40여 년 봉직하면서 티 없이 순수한 아이들과의 사랑과 추억은 모조리 동시의 재산이었고, 모두 시의 소재가 된 것이다. 그런 후 결혼으로 인하여 충남 교육으로 타도 이동을 하게 되었다. 낯설고 물선 충남 교육의 첫 발걸음은 내 일생에서 가장 모질고 어려운 시기였다고 회고가 된다. 결혼으로 인하여 타향으로 멀리 떠나와 정착하려니 지리적 정서적 외로움과 그리움에 얼마나 가슴을 떨며 울고 지냈는지 모른다. 아마도 그 기약 없었던 기간들은 내 일생의 더없는 고통의 시간이었고, 많은 인내를 요하는 시간이었다. 어찌 보면 겉만 화려했던 '황홀한 감옥'이었다고 술회가 된다. 거기에다 외항선을 탔던 남편마저 먼 타국에서 10년이 훨씬 넘도록 집을 지켜주지 못한 상황이 되니 그 외로움은 배가 되었었다. 그때 진저리 칠만큼 무서웠던 별리의 시간은 내게 공황장애까지 수반해 주었고, 그때의 외로움과 그리움 때문에 흘렸던 눈물의 시간은 모두 내 시의 근원이 되어주었던 것 같다. 아마도 내가 일생 동안 흘려야 할 눈물의 절반을 그때 다 흘리지 않았을까 싶다. 인생으로서 아니 여성으로서 가장 예뻐야 할 30대 꽃다운 나이를 온통 눈물과 외로움으로 보내야 했던 나의 청춘이 너무 가엾고 슬펐다. 그러자니 얼굴에도 혐오감이 들 정도로 까만 기미가 얼굴 전체를 뒤덮었고, 보는 사람마다 모두 기미 선생님이라 칭했다. 너무도 듣고 싶지 않은 속상한 호칭이었다. 그런데다가 그리움과 무서움에 떨어야 했던 여린 가슴은 공황장애로 늘 죽음 가까이를 맴돌았던 것이다. 필자는 그때 죽을 것만 같은 공포 속에서 장거리 통근을 해가며 수많은 괴로움과 마주했다. 그때 반짝거리는 생명줄 같은 이 시가 내 가슴에 존

재하지 않았던들 이 세상을 어찌 견디어 냈을까? 지금 생각하면 눈에 보이지 않는 작은 시심이 참으로 장하고 대견했다. 지금이라도 내 인생에 위로와 칭찬을 보내주고 싶다. 다행히 금쪽같은 교육자로서의 길이 더 막중했기에 가정생활의 불만족을 오히려 교육으로 모조리 불태우는 계기가 되었던 것 같다. 지금도 교육 앞에서만큼은 누구에게도 뒤지고 싶지 않은 뜨거운 열정이 활화산처럼 불타고 있었던 것이다. 그래서 아이들 앞에서만큼은 내 모든 걸 다 바친 열정적인 사도 바로 그러한 헌신적인 사랑 교육을 실천하고 싶었다. 그러려면 선진 교육에 더 앞장서야 했고, 아이들의 눈높이에 맞는 인간 교육에 걸맞은 가슴 따뜻한 시인이 되고 싶었다. 그 결과 1991년 6월, 《월간 아동문학》에서 「동시 신인상」을 수상하였고, 뒤이어 1991년 7월엔 《월간 문학》에서 또다시 동시로 「신인문학상」을 수상한 하는 등의 기쁜 일들이 교육 현장에서 아이들의 동심을 누구보다 아름답고 탄탄하게 물들여 주고 싶은 동기가 되었던 것이다. 그러나 내가 가는 교육 현장은 언제나 나를 더 강인하게 만들어 주려는 뜻이었는지 언제나 멀고 힘든 변방이었다. 내게서 물리적인 거리를 항시 느끼게 하는 멀고 먼 농어촌이 나를 기다려 주었다. 아마도 나에게 아직은 긴장의 끈을 풀지 말라는 깊은 뜻이 있었을 게다. 그래서 자연히 농어촌 자연환경은 나와 떼려야 뗄 수 없는 친숙한 교육 현장이었다. 그러나 대전에 보금자리가 있어 어린 자녀들과 시모님을 돌보아 가며 출퇴근을 하기에는 늘 너무 멀고 열악한 악조건이었다. 아침 6시경 집을 나서도 아이들의 교육 시간에 늦지 않으려고 발에 스케이트를 타는 듯 늘 뛰어다니며 시간 싸움도 해야 했다. 그러나 그 자연환경이란 누가 뭐래도 사람이나 물질의 모두가 본디 성질인 본성의 세계인 것이다.

타고난 성질로, 천성 그것의 세계였던 것이다. 시가 사물의 본성을 투시하고 교감한다는 것은 자연스러운 과정인 것이며, 순수시의 본령이 거기 있었던 것이다. 말하자면 사무사(思無邪)의 경지가 거기 있었으며 순수시의 오랜 연륜이 배어있는 곳이기도 했던 것이다.

이렇듯 나의 시작 활동은 모두가 거짓 없이 순수하게 빛나는 자연과 함께 열악한 농어촌 환경을 뛰어다니며 사시사철 자연의 아름다움을 맛보며 예쁜 감성의 텃밭이 되어 주었다.

2. 동심으로 끌어올린 나의 초기 동시들
2-1 첫 동시집 『모시울에 부는 바람』

1992년 5월 15일, 드디어 나의 첫 시집 『모시울에 부는 바람』이 탄생되었다. 신인인 필자가 첫 시집을 서울 현암사에서 내면서 적잖게 놀라는 사람들이 참 많았다. 오랜 경륜을 가진 시인들도 그 시절에는 서울 명문 출판사에서 시집 한 권을 내는 일이 쉽지 않은 때였다. 가격도 가격이지만 첫째는 시인으로서 인지도가 있어야 출판을 해도 여러모로 활개를 치는데, 새파란 신인 작가가 명문 출판사에서 책을 내기란 하늘의 별 따기처럼 어려운 시기였다. 내가 그곳에서 책을 내고 싶다 해서 명문 출판사에서의 출간이 가능한 일이 아니었다. 아마도 내가 시인 중에서 퍽 행운아였던 것 같다. 그 첫 번째 이유는 곁에서 남편의 은사님이셨던 조남익 시인님과 홍익대 문우식 교수님이 여러모로 이끌어 주셨기 때문에 하늘의 별 따기 같았던 첫 출판을 유수한 서울 현암사에서 수락하셨던 것이다. 그런데 벌써 첫 시집 출간 시간이 많이 흘러갔고, 그때 나의 첫 출간을 그토록 지원해 주셨던 조남익 시인님과 문우식 교수님 두 분 다 이제 내 곁에 안 계신다. 두 분께 이 자리를 빌려 감사와 고마움의 인사를 이 지면에라도 올리고 싶다. 그때 조남익 시인님께서 하시는 말씀이 지금도 생생하다. "나도 아직 현암사 같은 출중한 출판사에서 시집 한 권 못 내 봤어." 하시며 은근히 부러움을 토로하시기도 하셨다. 그리고 더 중요한 사실은 기라성 같은 조남익 시인께서 같은 교직자이시기도 했지만, 애제자의 부인인 애송이 시인 첫 시집에 해설까지도 친절하게 직접 써주신 것이다. 지금 와서 생각해 보니 필자야말로 너무나 복 많은 시인 중의 한 사람이었다. 그리고 또 한 가지 첫 동시집을 빛내주는 것은 내 동시에 너무도 잘 어울리는 멋진 컷이었다. 일류 화가의 손길에서 만들어 낸 아주 특별한 삽화였다. 시집에는 첫째도 둘째도 시가 좋아야 빛이 나는 법이다. 그러나 첫 시집에 빛나는 삽화를 기꺼이 수락해 주셨던 화가님과도 또한 큰 인연이었다. 그때 홍익대학교 미술대학 문우식 교수님께서는 동시가 너무 좋다 하시며 꿈에도 받기 어려운 삽화를 선뜻 수락하시며 동시 전편에 다 그려 넣어 주신 것이다. 미흡한 내 시에도 저명한 화가의 그림이 멋지게 매치되니 저절로 시까지 더 격상된 느낌이었다. 책을 받는 이마다 한 마디씩 찬사가 터져 나왔다. "시집의 삽화도 너무 멋있어 동시가 더 빛나요." 하는 말이었다. 맞는 말이다. 시와 삽화가 잘 어우러지면 시의 맛이 훨씬 풍요로워지기 때문이다. 내 첫 시집의 행복한 소고였다. 첫 시집이라 모두가 기대가 컸지만, 더 중요한 건 굵직굵직한 저명인사님들께서 보잘것없는 애송이 시인에게 서평과 삽화를 적절하게 넣어 주시어 동시집은 너무도 인기 만점이었다. 시집이 흔하지 않던 시절에 현직 교사가 쓴 동시집 『모시울에 부는 바람』은 그야말로 방방 떴다. 출판

기념회에 초대되었던 교장선생님들의 학교마다 주문도 쇄도했었다.

조남익 시인님의 해설은 '산골 학교의 평화와 사랑의 미학'이었다. 그때 조남익 시인님께서는 충청남도 교육청에서 중등계 장학사를 하고 계셨던 때였다. 필자가 초등학교에 근무하면서 첫 동시집을 내는 애제자의 부인인 애송이 시인이 무척이나 기특하셨던 모양이다. 「시인 탄생의 배경」에서 시인은 결코 만들어지는 게 아니라 태어나는 것이라 한다면 김숙자 시인은 이 말이 조금도 틀리지 않다고 말씀하시며 시인 하나가 탄생하려면 그만한 체험적 바탕과 누구보다 절실한 창조적 욕구, 언어에 대한 센스 등 문학 정신의 총체적 가치관이 체득되고 그것이 생산적 표출로 이어졌을 때 비로소 시인은 탄생한다고 극구 칭찬해 주셨다. 그러시면서 "김숙자 시인은 교단이 낳은 시인이다."라고 말씀하시며 그의 동시를 읽으면 다정다감한 교사로, 또 가정의 한 어머니로, 천진난만한 어린이들의 동심 세계에서 함께 뛰놀며 사랑의 교실, 사랑의 교감에 합일되어 있음을 일일이 지적해 주셨다.

'꽃잎처럼 피어난 교육애'에 감탄하시며 「봄 캐는 아이」를 이렇게 평해 주셨다.

> 봄을 캔다
> 어디에 숨어 있다가
> 숨차게 달려오는지
> 아무도 알 수 없는
> 요술쟁이 비밀을

〉
언 땅 밟고 일어나
해를 찾다가
산모롱이 양지 녘에
쪼그리고 앉아서
갈라진 손등으로 코 훔쳐대며

옹기종기 둘러앉아
도란도란 싱글벙글
거짓도 꾸밈도 없는
화안한 얼굴로

해맑은 봄을 캔다
봄을 그린다.
　- 「봄 캐는 아이」 전문

　김숙자 시인은 동요보다는 동시에 강한 애착을 보인다. 동요가 율격을 중시하는 노랫말 표현이고, 기법 상으로는 의인법이 많이 원용되지만 동시는 은유, 비유, 상징적 이미지가 많이 쓰인다며 그만큼 문학성이 높은 동시라고 칭찬을 하시며 김숙자 시인의 취향은 문학성 쪽에 있다고 하시며 김숙자 시인의 동시는 '인간성을 지키는 동심 세계'에 있다고 하셨다.
　그렇다면 모든 문학작품은 거의 휴머니티와 관련되지 아니한 것이 없지만 그것이 아동문학으로 오면 긍정적이고 선량한 세계 인식과 인생관이 주종을 이룬다고 했다. 정말 때 묻지 않은 경지가 바로 어린이들의 동심 세계라고 말씀하셨다. 동시의 본령은 이상주의와 낭만주의인데 동심적인 관찰과 순도가 범상치 않을 때, 경이로움까지 느끼게 해준다고 한다. 그렇다면 아래 동시 한 편 더 만나보자.

> 까아만 갈래머리
> 곱게 빗어 내려
>
> 고운 나비 한 쌍
> 사알짝 앉히고
>
> 긴 머리
> 쫑쫑 땋아내려
>
> 예쁜 꽃잎 한 장
> 뚜욱 떨궜지
>
> 머리 위에
> 폴폴 피는
> 봄 나비의 꿈
>
> 머리칼 가닥마다
> 물씬물씬
> 꽃 향 내음.
> – 「머리핀」 전문

이 동시는 김숙자 시인의 《월간 문학》 신인 작품상 당선작이다. 어린이들을 학교에 보내는 어머니들은 온갖 정성을 다해 아이들의 옷을 입히고, 신발을 신기게 된다. 그중에서도 여자아이의 경우엔 가장 신경 쓰는 부분이 머리치장이다. 이 동시「머리핀」은 그러한 어머니의 정성으로 신부의 칠보, 족두리가 무색할 만큼 신선한 충격을 주고 있다. 특히 '사알짝, 쫑쫑, 폴폴, 물씬물씬' 등의 의태어와 의성어 활동이 돋보이고, 동요적 가락을 듬뿍 담아내고 있다. 이 작품에 대한 심사평을 소개해 본다.

- 즐거움과 아름다운 환상의 세계 -

동시 부문에서 김숙자의「머리핀」「꼬막손 예쁜 손」두 편을 당선작으로 뽑는다. 어린 여자아이 머리 위에 꽂는 작은 머리핀! 세상 사람들 눈에 잘 띄지도 않는 작고 보잘것없는 물건이지만 사람의 마음을 한없이 기쁘게 해 주는 큰 동심을 담고 있는 시이다. 별로 길지 않은 시인데, 우리말의 아름다움이 에서 더할 수 있을까? 한자어가 한 군데도 침범하지 않는 너무도 정제된 우리말 동시에 백 점을 줄 만하다. 이러한 동시를 쓴 김숙자 시인의 뛰어난 작품 구성력과 리듬 감각은 앞으로 동시를 잘 쓸 수 있는 능력을 짐작게 해준다. 정진을 빈다.

박종현, 엄기원
1991년「월간 문학」7월호

2-2 제2동시집 『갯마을에서 띄우는 노래』

갯내음 폴폴거리며
파고드는 갯바람

아기 파도 따라서
갯가로 놀러 나온다

조가비 속에서 장난 걸던
쬐꼬만 빤장 게
귀염 떠느라 방방거리고

개펄 속에서 숨바꼭질하던
얼룩 바지락
조갯돌 떠들며
얼굴 쭈옥 내밀며

심심한 파도
갯바위에 엉겨 붙은 굴뻑 간질이고
낮잠 자던 바윗돌 깨워
물 한 모금 나누어주면

끼룩끼룩 갈매기
그을린 모래 위에
금빛 노래 뿌려준다.
　- 「갯마을에서 띄우는 노래」 전문

『갯마을에서 띄우는 노래』 동시집은 김숙자 시인의 두 번째 동시집이다. 김 시인은 대전에 둥지를 틀고 살면서 충남 교육에 발령을 받아 주로 연기군에서 근무를 많이 한 셈이다. 지금은 연기군이 세종시로 탈바꿈되어 옛 면모를 찾아보기조차 어렵게

천지개벽이 된 세종특별자치시라는 큰 도시가 되어 옛 모습이 하나도 없다. 대전시도 직할시로 승격이 되면서 충남 교육에 근무하는 사람은 대전 직할시로 전입하기가 아주 어려운 시절이었다. 그러니까 대전 지역에 가정을 둔 교사들은 장거리 통근으로 인하여 많은 어려움을 겪던 시절이었다. 그런데 그것도 모자라 충남 교육 인사원칙에서 청천벽력과 같은 일이 벌어졌다. 순환제 근무가 시행되어 연기군처럼 나 지역에 오래 근무한 사람들은 모두 타 지역으로 의무적으로 나가야 한다. 지금보다 더 어렵고 열악한 먼 지역 다, 라, 마 지역으로 발령을 받으면 가야 하는 때였다. 마침 그때 우리 둘째 아이가 대입을 코앞에 둔 막중한 시기였다. 그러잖아도 부모가 대학을 잘 보내려면 그 과정을 곁에서 지켜보며 편히 공부할 수 있는 환경을 제공해야 되는 때임에도 무정한 발령은 김 시인을 생전 듣도 보도 못했던 충남 당진군 갯마을 학교로 발령을 받아 집을 떠나지 않으면 안 되는 참혹한 시기였다. 부모로서 가슴이 미어지고 찢어졌지만, 교사의 신분은 나의 아이들보다 남의 아이를 더 중히 여기고 잘 가르쳐야 하는 본분과 철칙 때문에 울면서 갯마을 학교로 전근을 가게 되었다. 아무리 용을 써 보아도 근무를 마치고 집으로 되돌아갈 수가 없는 오지 중의 오지 학교로 발령을 받은 것이다. 그곳에서 3년간을 갯마을 아이들만 보고 갯마을 아이들에게 온갖 정성을 쏟으며 아픈 마음을 달래 가고 살아가고 있었다. 어떤 날은 아이들과 방파제에 나가서 굴도 깨고, 망둥이도 잡아보고 하루 온종일을 아이들과 함께하며 문학 교육에 열정을 다 기울였다. 저녁때 퇴근을 해도 집에 갈 수가 없으니 가동 아이들에게 방과 후까지 문학교육과 인성교육을 하면서 하루해를 그렇게 보냈다. 그러기를 3년째, 갯마을의 거칠었던 아이들의 심성이 문학교육 인성교육으로 인하여 순화되어 가고, 전국의 백일장 대회를 마구 휩쓸기 시작했다. 단일 부락인 가곡리에서는 필자의 인기가 하늘을 찔렀다. '전국 농어촌 어린이 글짓기 대회'에서 해마다 가동초등학교 아이들이 전국 대상을 휩쓸며 그야말로 학교는 일취월장이었다. 아이들은 정말 뿌린 대로 거둔다는 말이 너무도 적중했다. 사랑으로 정성을 들인 만큼 아이들의 성적과 인성은 쑥쑥 자라 올랐다. 어디 그뿐이랴. 아이들을 가르치면서 써 놓은 내 동시도 드디어 빛을 보게 되었다. '대전일보 신춘문예'에 동시가 당선되는 영광이 찾아온 것이다. 그리고 이곳 당진 갯마을에서 3년 동안 아이들과 함께 생활하며 교육하며 쓴 동시들이 나의 두 번째 동시집『갯마을에서 띄우는 노래』로 태어났다. 정말 보람은 고통 속에서 더 우뚝우뚝 솟아올랐다. 그렇게 내 열정을 송두리째 쏟아부으니 안되는 게 없었다. 당진군에서 3년 동안 근무하면서 '수업 방법 개선'을 위한 교사들의 수업 연구대회에서도 3년 동안 1등급을 한 번도 놓치지 않았다. 그러니까 지성이면 감천이라는 말도 수긍하게 되었다. 나의 고통스러웠던 갯마을 생활은 돈을 주고도 살 수 없을 만큼 혁혁한 성과와 함께 나의 교육과 내 인생에 가장 보람이 컸던 시절이었다. 정말 잊을 수 없는 나의 제2동시집『갯마을에서 띄우는 노래』는 내 인생의 보람이자 공든 탑이다. 리헌석 문학평론가께서는『갯마을에서 띄우는 노래』의 동심의 세계를 이렇게 서평해 주셨다.

- 순수한 영혼의 아름다운 형상화 -

넌

재 보았니
바다의 가슴이 얼마나 되는지

심술쟁이 파도가
사정없이 때려도
얻어맞는 걸 봐

아빠의 어망 속에
가득가득 찬
고기들을 봐

바윗돌 새끼 홍합들
추울까 봐
잠 못 드는 걸 봐.
  - 「바다의 가슴」 전문

  김숙자 시인은 바다의 가슴이 얼마나 넓은지 묻기만 하고 구체적인 답을 피하고 있다. 그러면서도 바다에서 볼 수 있는 예를 들어가면서 넓고 너그러운 바다의 가슴을 독자들에게 제시해 주고 있다. 2연에서는 끝없는 인내심을, 3연에서는 풍성한 베풂을, 4연에서는 따스한 인정을 갖고 있는 것이 바다라고 비유적으로 말해주고 있다. 김숙자 시인은 순수성을 작품으로 승화시키고 있으며, 이런 순수성은 그가 동시를 창작하는 한 함께 할 운명이라고 말했다. 다음 시 한 편 더 만나보자.

    진종일

모든 것 다 내어주고
그래도 아쉬워하는 바다

그 많은 바다 가족
모두 잠들 때까지
잠 못 드는 어머니 마음

조개 잡던 아이들
집에 다 갔는지

꽃게잡이 나간
아빠 통통배
잘 돌아왔는지

갈매기 뱃전에 앉아
집 찾아 들었는지

거친 파도에
아기 굴 떼어지지 않았는지

깜깜해진 바다
아기별에게
맡기지 못해

고운 붓으로
서쪽 하늘 물들이며

〉

하늘 문턱에 앉아

그 너른 바다

포근히 어루만진다.

　　- 「노을」 전문

2-3 제3동시집 『달님마저 반해버린 야생화』

　『달님마저 반해버린 야생화』 동시집은 김숙자 시인의 3번째 동시집이다. 2004년 1월 6일 초판 발행하여 2쇄, 3쇄, 4쇄에 이르기까지 인기가 꽤나 높은 동시집이다. 교직 생활에서 30년 교사 생활을 하다가 이제 교감으로 승진하여 여자 교감이 되었다. 교사 때처럼 많은 반 아이를 직접 가르칠 순 없어도 선생님들이 이제 아이들을 마음 놓고 가르칠 수 있는 교육 환경과 기반을 만들어 주어야 하는 관리자의 입장에 놓였으니 그 책임감 또한 높아지기 마련이다. 첫 교감 발령은 충청남도 서천군 서면초등학교로 받았으나 2년을 바닷가 변방의 학교에서 경험을 쌓은 후 대전 가까운 서천군 기산면 기산초등학교로 다시 학교를 옮기게 되었다. 이곳 역시 대전 집에서는 출퇴근이 어려워 서천에 오피스텔을 얻어놓고 이곳으로 출퇴근을 하며 생활하고 있었다. 이제 학교 경영자가 되면 출장도 빈번해짐으로 이곳에서는 처음으로 자가용을 사서 조심스레 자차로 출퇴근을 하고 있었다. 기산초등학교는 학교 내에 야생화 공원이 만들어져 있어 눈만 뜨면 야생화와 입맞춤을 하는 그런 학교이다. 김재환 교장선생님께서 야생화에 엄청난 애착을 갖고 계실뿐더러 학교 내에 '박물관'도 만들어 놓으실 정도로 우리 것에 애착이 많으신 분이셨다. 이 학교에서는 자연이 너무도 아름다워 봄엔 벚꽃 꽃물결이 하늘거리고 여름 가을엔 야생화가 어여쁜 눈길로 지나는 이들을 한껏 유혹하며 발길을 잡아당긴다.

그래서 기산초등학교에 근무하면서는 아이들에게 들꽃 향 감도는 마음 밭에 동심을 가득 채워 주고 싶어 시인의 세 번째 동시집 『달님마저 반해버린 야생화』를 발간하여 동심을 키워가고 있었다. 이 책의 해설을 써주신 리헌석 문학평론가는

"스승의 자세와 빛나는 서정"이라는 제목으로 야생화 동시집의 해설을 해주셨다.

1. 스승으로서의 마음에서 김숙자 시인은 교육을 담당하는 교육자로서 교사 시절을 보내고 지금은 교육 관리직에서 교감으로 교육 발전에 최선을 다한 분이라고 소개하신다. 교사 시절부터 김숙자 시인은 어린이들의 고운 심성 배양을 위해 글짓기 지도에 앞장서 왔다고 소개한다. 이런 교육 사랑과 제자 사랑 정신은 선생님을 새로운 영역에 도전하게 한다고 소개한다. 기산초등학교에 부임하면서부터는 학교 특수사업인 야생화 가꾸기에 전심전력을 다하여 사철 꽃을 볼 수 있는 학교, 꽃과 같이 아름다운 심성을 가꾸는 학교를 만드는 일에 일조를 하게 된다. 그러던 시인 자신도 교감 선생님이지만 꽃의 이미지를 작품으로 창작하기에 이르며, 좀 더 큰 의욕에 휩싸이게 된다. 이 책의 서문에서처럼 김숙자 시인은 이 『달님마저 반해버린 야생화』 시집에서 스승의 자세를 이렇게 확인하고 있다. 이 시집은 단순히 야생화 동시에만 그친 게 아니라 우리 것에 대한 애착을 갖고, 우리 문화 체험을 할 때 아이들의 예쁜 손마다 이 책을 들고 다니며 자연 관찰을 할 수 있는 '야생화 도감' 역할과 '야생화 관찰

의 길잡이'가 되어 주었으면 한다는 속내를 드러내기도 했다. 의인화로 빚어낸 멋스러운 시 한 편 감상해 보자.

  이슬로 목욕한 얼굴
  눈웃음 사알짝 흘리며
  손잡아 주는 봄바람
  간지럼 피우려는가

  솜털 보쏭보쏭한
  이웃집 새아가처럼
  서툰 걸음마로
  봄밭에 나섰다

  나비야 날아라
  꽃비야 내려라
  잠자다 깬 아기 볼
  흥건히 적실 봄비야.
   - 「할미꽃」 전문

다음은 '삶의 교훈을 담아 펼쳐내는' 시 한 편 더 만나보자.

  호랑이는 죽어 가죽을 남기고
  사람은 죽어 이름을 남기는가

  겉이 화려할수록 향기가 없는 법
  잔잔한 나눔 하나

아름다움의 토대여라

살아서 백 년
죽어 백 년
뭇사람의 가슴에
향기로 남고 싶다.
　-「섬백리향」전문

　김숙자 시인의 이 작품은「섬백리향」을 통해 자신의 마음을 간접적으로 표현하고 있다. 동시에 이 시를 읽은 독자들도 이와 같이 자신의 이름을 소중히 여겨줄 것을 주문하고 있다. 이런 주문에 독자들이 전폭적으로 따르거나 말거나 그 의미를 되새기거나 말거나 상관없이 김 시인은 자신의 내면을 꽃에 의탁하여 표현하고 있다. 김숙자 시인은 이렇게 작은 동시 한 편에서까지 발상의 전환을 꾀하며 작품 한 작품 한 작품에 교훈을 담아내며 동시로서의 완성도를 높여가고 있다.

널찍한 갯바위에서
콩만 한 달랑게들이
무더기로 시위를 하고 있다

넉넉한 바위손이 참다못해
너털웃음을 터트렸다

화가 난 달랑게들이
삽시간에

등대 위로 모여들었다

오랜만에 갖는 갯벌 조회
마구잡이 난개발에
반기를 들고 있다

갯벌이 살아야
바다가 산다고
널찍한 초록 깃발 들고 외치고 있다.
  - 「갯취」 전문

  김숙자 시인은 바다와 깊은 인연이 있는 듯하다. 그래서 그런지 바다에 대한 사랑이 지극하다. 이 작품도 그 일환으로 쓰인 것 같다. 야생화 「갯취」에 피어난 꽃을 보면서도 '갯벌이 살아야 바다가 산다'고 외치게 만든 것이나 달랑게들이 등대 옆으로 모여 있는 모습을 보면서 '마구잡이 난개발'에 대한 반기를 들고 시위하고 있는 모습으로 보고 있는 것은 김숙자 시인만의 묘법인 것 같다. 바로 김 시인의 내면을 「갯취」와 '달랑게'에 의탁하여 드러낸 것으로 보인다. 이런 형상화를 보이는 작품은 쉽지 않은데, 이 묘사가 아름답게 빛나고 있어 큰 감동을 주고 있다.

3. 김숙자 시인의 동심의 뜨락을 나오며

  김숙자 시인은 교육자이며, 동시에 아동 문학가이다. 초등교육에 몸담고 있었던 동안에는 아이들을 가르치면서 주로 동시와 동화를 창작하고 아동문학을 지도하는 문학가이기도 하였다. 《월간 아동문학》과 《월간 문학》에서 동시로 신인 문학상을 수상하였고, 연이어 '대전일보 신춘문예'에 동시가 당선되어 문단에서도 왕성하게 아동문학가와 시인으로 활동하고 있으며 요즈음엔 장르를 더 확충하여 문학평론가로도 활약을 하고 있다. 아동문학 장르인 주요 저서로 동시집 『모시울에 부는 바람』, 『갯마을에서 띄우는 노래』, 『달님마저 반해버린 야생화』, 『행복을 굴리는 아이들』, 『꼬꼬맙씨들의 행복한 날갯짓』, 『청개구리 우편함』, 『봄바람의 손편지』 등이 있고, 동화집으로는 『예쁜이가 내다본 세상』이 있다. 이렇듯 여러 권의 동시집이 있는데, 특히 『달님마저 반해버린 야생화』에서는 야생화에 대한 아름다운 서정을 듬뿍 맛보게 하며, 요즈음 아이들이 흔히 놓칠 수 있는 정과 사랑에 대한 교훈을 담고 있다. 그만큼 김 시인은 시에 대한 사랑, 우리 야생화에 대한 사랑, 어린이들에 대한 사랑이 하나로 녹아있는 멋진 작품을 창작해 오고 있다.

　김 시인은 타고나기를 영락없는 교육자로 태어났다. 누구보다 더 이 땅의 아이들을 사랑하고 아이들이 물질과 부패에 물들지 않는 순수한 어린이들로 자라주기를 바라는 마음으로 오늘도 동시와 동화 창작에 팔을 걷어붙이며 하루해를 보내고 있다. 해가 거듭되어 가지만 때 묻지 않은 동심으로 추억과 사랑을 반추해 가며 좋은 글을 쓰고 있다. 김 시인은 타고난 교육적 열정과 때 묻지 않은 동심이 희석되지 않게 오늘도 하염없이 동심의 텃밭을 헤매고 있다. 김 시인의 그 텃밭엔 오늘도 7월의 참나리가 수줍은 얼굴을 붉히며 활짝 웃고 있다. 앞으로도 열정 가득 찬 그 동심의 뜨락에 행복의 활화산이 터져 나와 모든 이들 가슴에 듬뿍듬뿍 담기길 고대해 본다.

淸琳 김숙자 작가 세부 양력

* 전남 곡성 출생
* 호 청림(淸琳)

⟨교육 경력⟩

* 충남대학교 교육대학원 초등교육학과 졸업 (교육학 석사)
* 한남대학교 대학원 국어교육학과 졸업 (교육학 박사)
* 초등학교 교사 30년, 교감 4년, 교장 6년 역임
* 천안 성남초등학교를 거쳐 천안 청룡초등학교장으로 정년퇴임
* 황조 근정훈장 수훈
* 교육경력 40여 년을 거치는 동안 수많은 교육 실적과 연구 실적 및 아동 지도 실적을 바탕으로 초등교육 현장에서 훌륭한 교육자요, 학교 경영자로 역임함

⟨문단 경력⟩

* 1991년 6월 '월간 아동문학'에서 동시 신인상 수상
* 1991년 7월 '월간 문학'에서 동시 신인상 수상
* 1997년 '대전일보 신춘문예' 동시 당선
* 2021년 문학사랑 여름호 '문학평론' 부문 당선
* 한국아동문학회 이사 및 운영 위원
* 문학사랑협의회 회원

* 대전여성문학회장 역임
* 한국아동문학연구회 충남지회장(전)
* 대일문인협회 부회장 역임
* 한국펜클럽 한국본부 회원
* 대전가톨릭문학 회장(전)
* 현 대전 '글마중문학회' 회장

〈수상 실적〉

* 2001년 대전문학상 수상
* 2002년 대전일보문학상 수상
* 2007년 박경종 아동문학상 수상
* 2009년 한·중 옹달샘 아동문학상
* 2014년 한국아동문학작가상 수상
* 2015년 문학사랑 인터넷문학상 수상
* 2017년 대전문화재단 지원금 수혜
* 2019년 금남문학상 수상
* 2023년 백천 '수필문학상' 수상

『동시집』

* 제1동시집(1991) : 모시울에 부는 바람
* 제2동시집(2002) : 갯마을에서 띄우는 노래
* 제3동시집(2004) : 달님마저 반해버린 야생화
* 제4동시집(2010) : 행복을 굴리는 아이들

* 제5동시집(2014) : 꼬꼬맙시들의 행복한 날갯짓
* 제6동시집(2016) : 청개구리 우편함
* 제7동시집(2017) : 봄바람의 손편지

『시집』

* 제1시집(2001) : 비울수록 채워지는 향기
* 제2시집(2009) : 낮음, 그래서 더 고운 영혼
* 제3시집(2009) : 마틸다의 기도
* 제4시집(2012) : 사람사랑 행복 방정식
* 제5시집(2017) : 황홀한 유혹
* 제6시집(2021) : 노을빛 은어 품다
* 제7시집(2024) : 월계수에 시가 젖다

『수필집』

* 내 영혼을 불사른 달콤한 중남미 문명(2008)
* 침묵의 그 길에서 나를 찾다(2018)
* 성작을 닮아가는 거룩한 시간(2020)
* 초록 고슴도치(2023)

『자기계발서』

* 시련은 아무에게나 꽃이 되지 않는다(2014)

『교육 연구서』

* 현대 아동 시 창작 교육 외 다수(2011)

월계수에 시가 젖다
김숙자 제7시집

발 행 일	|	2024년 8월 26일
지 은 이	|	김숙자
발 행 인	|	李憲錫
발 행 처	|	오늘의문학사
출판등록	|	제55호(1993년 6월 23일)
주 소	|	대전광역시 동구 대전로 867번길 52(삼성동 한밭오피스텔 401호)
전화번호	|	(042)624-2980
팩시밀리	|	(042)628-2983
카 페	|	http://cafe.daum.net/gljang(문학사랑 글짱들)
인터넷신문	|	www.k-artnews.kr(한국예술뉴스)
전자우편	|	hs2980@daum.net
계좌번호	|	농협 405-02-100848(이헌석 오늘의문학사)

공 급 처 | 한국출판협동조합
주문전화 | (02)716-5616
팩시밀리 | (02)716-2999

ISBN 979-11-6493-340-2
값 12,000원

ⓒ김숙자 2024

* 이 책의 판권은 저작권자와 오늘의문학사에 있습니다.
* 이 책은 E-Book(전자책)으로 제작되어 ㈜교보문고에서 판매합니다.
* 잘못 만들어진 책은 구입하신 서점에서 교환해 드립니다.